애월, 그리고

시와 실천 서정시선 012

애월, 그리고
시와 실천 서정시선 012

―――――――――――――――

초판 1쇄 발행 | 2019년 7월 3일
초판 2쇄 발행 | 2020년 1월 3일

지 은 이 | 양대영
펴 낸 이 | 장한라
엮 은 이 | 이어산
펴 낸 곳 | 시와 실천
등록번호 | 제2018-000042호
등록일자 | 2018년 11월 27일
편 집 실 | 서울시 종로구 율곡로 6길 36 (계간 시와편견)
전   화 | 02) 766-4580, 010-3945-2245
제   주 | 63248 제주특별자치도 제주시 인다11길 28, 1층
전   화 | 064) 752-8727, 010-4549-8727
전자우편 | 11poem88@hanmail.net
인   쇄 | (주)보진재(파주출판단지 내)

ISBN 979-11-90137-07-2 03810

값 12,000원

* 이 책은 전부 또는 일부 내용을 재사용하려면 저작권자와 '시 · 실천'의 동의를 받아야 합니다.
* 이 도서의 국립중앙도서관 출판시도서목록(CIP)은 서지정보유통지원시스템 홈페이지(http://seoji.nl.go.kr)와 국가자료공동목록시스템(http://www.nl.go.kr/kolisnet)에서 이용하실 수 있습니다. (CIP제어번호 : CIP2019025442)

애월, 그리고

양대영 시집

| 시인의 말 |

아들아!
오지 못할 먼 길을
5학년인 너를 보낸
이 아비의 가슴에
네 벌초를 가는 아비의 가슴에
스물네 해째 폭설이 내리고 있다.

이 시집을 하늘로 부친다.

2019년 6월에
양대영

■ 차 례

5__시인의 말

1부

시집의 무게	13
천왕사 가는 길	14
엽서	15
북경반점	16
검은 하품	18
봄비	19
그리움	20
수석 감상법	21
2018년 추석날의 아버지	22
애월, 그리고	23
어머니의 숨비소리	24

2부

대설주의보	29
나의 천국	30
틀니	31
월정리 바다	32
늦은 웨딩	33
15그램	34
겨울 삽화	35
곤을동 사람들	36
말똥구리	37
어머니의 바다	38
고래의 노래	39
테왁	40
추억이라는 이름	41

3부

폭염	45
꽃에게 죄를 묻다	46
비	47
불칸낭	48
장미비 내리는 날	49
은하수 미용실	50
다끄내 처녀	52
가을, 어머니	53
벌초 가는 길	54
편지	56
오래물 추억	58
홍성식	60
애월의 달	61

4부

목포의 눈물	65
동태탕 집에서	66
첫사랑	68
광령, 벗나무 아래서	69
생일	70
교리 공부	71
재회	72
꽃말의 완성	73
불멸의 시인들	74
꽃바람	76
그녀는	77
가문동 포구	78
누가 왔다 갔나	79

해설 ‖ 정찬일(시인)
시인이 몸에 깊게 새겨진 그리움, 또 그리움　　81

1부

시집의 무게

도서관에서
시집 다섯 권 빌려 오는 길

무등을 탄 시집들이 재잘거리다
말을 걸어온다

시인이세요?
갑자기 어깨가 무거워지고

시집
반납하러 가는 길

어깨에 멘 가방
가볍다

내게로
이사 와 뿌리 내린 말들을
내려놓고 가는 길

천왕사 가는 길

바람이 흘러내리는 천왕사에 이르렀습니다
여름의 그 나무들 아무것도 아닌 듯한 나무들
비탈에 기대어 나를 내려다보고 있었습니다
그 나무에서 낙엽 몇 잎 떨어져 내립니다
그 낙엽에
어디선가 본 듯한 흐려진 얼굴들이 비칩니다
산지천 치마 내리던 그 여인같이
서부두 골목길 여인같이
동백꽃 봉오리 같은 젖가슴 내보이던
저 바람의 형식 같은
흘림체

엽서

뒹구는 낙엽 한 잎
너에게 보낸다

바스락거리는
나의 그리움

툭

북경반점

반그늘에 앉은 이
옛 그림자 당겨와 함께 조는데
삼선짜장 사이
흰 등을 드러낸 새우같이
누군가 꼭 비벼줘야 할 몸

북경반점 주렴
가닥가닥 모인 福 자
갈라지다,
찰랑대다,
부딪히다,
복이 아니었다
복이었다 하는 사이

해바라기 나온 할아버지 눈가로
다녀가는 붉은 치파오
패인 볼에 서서히
식은 눈물로 번지는데

다시 한 번
신행新行*처럼 오는 봄

*신행 : 신부가 혼례식을 마치고 신방을 차른 뒤 신랑 집에 들어가는 절차.

검은 하품

반백의 사내가 파스쿠찌 카페에 들어오더니
서류 가방에서 시집을 꺼내 든다
보라색 표지
'염소가 반 뜯어먹고 내가 반 뜯어먹고'*라는 제목이 찍혀있는
시집 꺼낸 지 몇 분이나 지났을까
몇 장 뜯어먹지도 못하고 꾸벅꾸벅 조는데
시켜 놓은 아메리카노 검은 하품을 참지 못한다
봄비 내리는 연북로의
오후

*강영란 시인의 시집.

봄비

집으로 들어가는
골목길,
돌아보니

개나리꽃
빗속에
울고 있네

귓가가 노랗게 젖었네

그리움

한 번쯤은
잊고 있었던 것들

늙은 감나무 아래
언덕배기 보리밭
이랑 사이로 불어간다

세상에서 가장
보드라운 날개를 달고

새털구름 위로 떠돌다가
이순耳順 넘은 심장으로 와

간지럼 태우는
오월 한낮

수석 감상법

식구들 빠져나간 일요일 오후 지친 TV를 끄면
거실에는 추억이 달려오는 너른 들판이 펼쳐진다
움푹 팬 동굴에선 천 년의 바람이 불어온다
늠름한 폭포 줄기가 소파에 잔뜩 웅크린
내 마음속으로 쏟아진다
까마득한 풍경 한 점이 달려온다.

2018년 추석날의 아버지

여덟 살 때 헤어진
달라질 것 없을 인연
다시 간직하고
이제 떠납니다
그리움 담아 올리는
술 한 잔 다시 받으십시오

저도
소란한 햇빛 피한 구석 자리에서
마지막 술잔
비우고 떠나겠습니다

누군가의 흐려진 눈빛에 낮별 또 몇
지금 지고 있습니다

애월, 그리고

애월의 시들을 읽노라면
한결같이
별거 아니라는 듯
달이 솟아오른다

사랑을 품은 보름달이거나
애절한 이별의 조각달이거나
이 생에서 저 생으로 건너가는

가문동 포구 넘어
애간장,
이 애간장 아무렇지도 않다는 듯
다시 돌아오지 않겠다는 듯
이울고 또 이우는
달빛 저 애월의,

어머니의 숨비소리

 이 섬 한 귀퉁이로 잔뜩 일그러진 일몰이 얼씬거릴 때쯤 개봉된 영화, 채 늙지 못한 황당한 주검이 달구지에 실려 당신의 요람으로 가는 도중 뚝 끊겨버린 필름이 가까스로 이어지면서 졸지에 과부가 된 한 여인이 주인공일 수밖에 없는 시네마스코프의 그 배경,

 고된 삶의 무명적삼으로 짓눌려버린 그녀의 젖무덤 같은 저물녘 도두봉, 한 발치 아래로 내가 숨 고르던 자궁 같은 오래물이 오늘따라 모처럼 붉게 젖어 있다 첨벙 뛰어들던 그녀의 턱밑으로 철썩대는 썩은 바위가 얼씬거리고 그 기슭으로 광기를 부리는 봉두난발 귀신들 희끗희끗 뿌연 이빨로 시퍼런 물살을 뜯어 먹는다

 간혹, 그녀의 마당 같은 바닥을 들락거리던 귀신들이 잠잠해지는 순간, 골갱이로 우영팟 검질 매는 일이 물질이다 밀물과 썰물 그 사이를 자맥질하는 그녀는 어느덧 내 어머니, 죽은 동네 어부들과 어울

려 산 듯 죽은 듯 훠이 훠이 숨비소리로 이를 악물고 삼 남매를 키우시던 내 어머니 수시로 혀를 깨물듯 숨죽이시던 모습은 지아비를 만나고 싶었을까 싶은

  삼백예순날 하루하루가 천편일률의 장면으로 겹치는 삶, 지난한 세월은 또다시 필름이 끊긴 듯 묵묵히 바람 따라 흘러버리고 시월의 거리엔 만져선 큰일 난다는 협죽도가 손사래 친다 어서 오라는 듯 그만 가라는 듯

  살아생전 당신의 무덤처럼 여기시던 도들오름, 태와 같은 일출이 울컥 목울대로 떠오른다 멀리 아른거리는 추자 섬과 함께 어느 가수의 '님은 먼 곳에'의 리듬이 한갓 퇴색된 전설로나 각색되는 그녀의 시나리오

2부

대설주의보

북엇국으로 연명하는 오드리
노란 알약 깨 먹는
소리가 아프다

이름을 나누어 가진 딸
헵번 삼 년 전 앞세우고
시한부 선고받은 오드리

아침마다 북엇국 끓이는 아내
밤새 휘날렸던 눈
오드리처럼 가만히 엎드려 있다

창밖
눈 다시 쏟아진다

*오드리와 헵번 : 애완견 이름

나의 천국

 한 잔 커피와 갑 속의 두둑한 담배 해장을 하고도 남은 버스비 그리고 막걸리 한 잔이 행복이라는 어느 시인은 이 세상을 소풍이라 여겼지만, 내겐 여기가 천국이다
 아침은 손수 점잖게 차린 양식으로 토스트에다 계란 프라이 우유 한 컵 점심은 어느새 내외가 바뀐 아내가 챙겨 놓은 한식으로 순결한 흰밥 한 공기에다 온갖 사랑의 반찬 울긋불긋, 저녁은 단골 마트가 단돈 몇 푼에 넘겨준 청정한 한라산 한 병 삼시 세끼 간식으로 뭉클한 구름과자 한 곽 구수한 커피 한 잔은 시시때때이니 설마 이보다 더한 낙원이 있을까
 간혹 서른을 넘긴 아이들 그 걱정이야 천년을 살고 저승에 간들 그칠 리 없지만
 단지 두려운 건, 놀고먹는 놈이라는 비아냥들 눈총이다. 그러거나 말거나 틈틈이 산과 바다에서 건져 올린 글 몇 줄 허공으로 펼치고 시 한 수 곁들이면 이상도 날개를 펼치고 훨훨 날 것 같은 곳
 멀리 이두_李杜_도 부러워할 터이니

틀니

한평생
이런 이 가져본 적 없네

들쑥날쑥했던 청춘의 이$_{齒}$ 지나
틀니가 왔네

고운 이로 고른 소리 하는 날
몇 날이나 더 할까

열무 잎같이 퍼런 웃음
활짝 웃어보네

월정리 바다

월정리 앞바다의 보름달
어디로 숨었을까
카페 여자가 커피를 내리는 시간만큼
낮 동안의 은빛 비늘을 헹궈낸
한가위의 밤이 흐른다
커피 내리는 여자의 떨리는 손이
물거품으로 흐른다
밤의 바다가
내 침묵의 안쪽으로
비가 막 내리기 시작하는 바다
보름달을 향해 무한의 소원을 빌던
사람들은 어디론가 다 숨어버린 밤
금이 가버린 밤
보름달도 시무룩해지고 있다
오늘을 위해 준비한
이승의 한 밤을 위해 준비한
가장 오래된 침묵이
아래쪽에서부터 지워지고 있다

늦은 웨딩

웨딩마치가 울린다
화동 손주들 앞세우고
신랑 신부 입장한다
눈가 촉촉이 젖은 70 세월
신랑 신부 맞절한다
결혼은 천생연분입니다
주례 선생님의 말씀
백년해로하겠습니다
다소곳이 고개 숙인
신부 모습 위로
사뿐히 오버랩되는
어머니의 얼굴

15그램*

먹과 종이의 한 몸

봄마다 날아오는 한 소식
가볍지 않은 언약의 무게
처마 밑으로

제비
또 날아든다

*제비의 평균 몸무게.

겨울 삽화

지짐이 부치는 콩기름 냄새
왁자지껄한 산지천 막걸릿집
한바탕 싸움이라도 나는 날에는
공중제비 돌던 양은 주전자
술 항아리 휘휘 저어 내오는 싸릿골
달빛 막걸리에 취하던 겨울밤
청춘의 낙서 가득한 바람벽
낡은 수레바퀴 사이로 내뿜은 담배 연기
휘감기다가 부옇게 사라진다
끄적여 본 너의 뜨거운 이름 위로

첫눈 휘몰아친다.

곤을동 사람들

돌 고망으로 부는 바람 나는 본다
샛바람이 일러주는 말 나는 듣는다
무너진 돌담 아래 주저앉은 앉은뱅이 감낭
애써 켠 기다림의 등불 하나 둘 떨군다
먹쿠실낭 노란 울음 터뜨리며 머리를 흔든다
피거름 먹은 띠새가 일군 집터 우북수북하다
은빛 멜 비늘 털어내며 들어서던 이
어스름 나를 본다
"멜 마니 들엄수다 뭐 햄수가"

왁자한 소리 가득 붉게 물든 원담이 들려주는 말
우렁우렁 울리던 비린 하늘 아래

"다 가시냐?"

말똥구리

제 이름 몸에 욱여넣은
말똥구리 한 마리
지나온 길을 디딤돌 삼아
벅찬 숨소리 하나 없이
지구를 돌린다
말똥구리의 몸에 기댄
지구가 기우뚱 몸을 기운다

지구 안에서 그리움에 퍼렇게 멍든
물빛 일렁이는 소리가 들린다
눈물 출렁거리는 소리가 들린다

몸 기우는 지평선 위로
낮별 몇 떴다가 말없이 진다

어머니의 바다

도두봉 고봉궤 올라가면
할망당이 있는데
어머니는 그 당에서
자식들 건강 기원했네
붉은 황돌* 넘어가지 말아
당부하시던 어머니는
몇 해 전에 그곳 건너가셨네
삭다리 짐 무거워
마중 오라시던 개동산
왜 그리도 빨리 넘어가셨을까
썩은 바위 움푹 팬 곳마다
맴도는 어머니 더운 숨비소리
푸른 물결 남겨두고
떠나지 못하던 어머니
물결나비 되어 날아가셨네

*도두와 이호의 바다 경계석.

고래의 노래
−권재효 시인을 생각하며

바다로 가자
바다로 가자

시인은 고래가 되려고
바다로 갔다

푸른 숨을 쉬며
바다로 갔다

등에 붙은 스멀거리는 기억들
떨쳐내려고 수면을 박차고 오른다

작은 분수 하나
무지개로 뜨는데

테왁

젖은 몸을 뒤척이며
해녀의 심장과 허파를 대신하는
한나절 꼬옥 껴안고
물빛에 긁힌 가슴들 보듬어주며
제 생$_生$ 건너가는
목숨 바가지들

뒤돌아보면
또 뒤돌아보면
저 한 생,
젖은 눈빛 속에
저승처럼 아득한데
텅 빈

추억이라는 이름

단박의 비명
단박의 하혈

조각조각 썰리는 아픔이
입안으로 스민다

검붉은 추억이라는 이름이
여름을 되새김질한다

비명 속으로 내가 잠기고
하혈 속으로 내가 잠기고

3부

폭염

땡볕 내리는 마당
디딤돌 옆구리 살림 차린 땅꽃각시

샛노랑 저고리 꽃분홍 치마
초록 손가락마다 햇살 가락지

소낙비 지나간 마당 흙 튕긴
치맛자락 말아 쥐고 울먹이는

멀끔한 청띠제비나비 날아와
연지 볼 쓰다듬는 한낮의 신방$_{新房}$

*땅꽃 : 채송화의 제주어.

꽃에게 죄를 묻다

잇몸이 간지러워요
봄비에 달싹이는 꽃망울

어린 것들
옹알이하는 소리

성모님이 품어주시는
필락 말락 하는
성당의 벚나무

나의 죄도
필락말락 必樂末落 하는 봄날

아름다운 것들이
늘 두근거리게 한다

오, 하느님
저를 구원하소서

비

네가 떠난 거울 속에
부딪히는 비

사방 어두운 길
너로 인해
걸어올 수 있었는데

오랫동안 다시 기다린다

틱
탁
톡
밤의 속살에 젖은 단음절의 목소리,

젖은 눈빛으로 내게, 건너온다

불칸낭

불칸낭*이 어디에 있습니까
이 골목으로 돌아가면 이수다
본 듯한 등 큰 나무 한 그루
화상의 흉터조차 다 지운 채
우두커니 혼자 서 있다
빈 몸이다
불타버린 나무에서
푸른 잎사귀 몇 잎 걸어 나온다
아무 일도 없었던 것처럼
새소리도 들린다
새 몇 마리 날아오른다
옛사람들, 말끔한 얼굴로 걸어 나온다
불칸낭이 어디에 있습니까
모르쿠다
들어본 적 어신디

무사마씸?

*불칸낭 : 제주시 조천읍 선흘리에 있는 5백여 년 된 후박나무.

장미비 내리는 날

십 년 전에
말했잖아요
붉은 장미와 흰 장미가
흐드러지게 핀 울담 아래서

사랑은 봄비를 맞으며
살며시 오는 거라고

열 번째 봄비가 내렸지만
아직도 우리는
같은 쪽을 바라보고 있고

장미는 울컥
쏟아지고

은하수 미용실

동네방네
웃다가 우는
울다가 웃는
수많은 사연
가슴으로 흘려보낸 세월

가위로 다듬고
파마약 발라
헤어 롤러로 꽉꽉 만 청춘
은하수지기 고옥순 여사님

할망
꼬마 숙녀
개구쟁이
모슬포 아즈망
뽄쟁이 베토벤 아저씨

고운 눈빛의

용담동 사람들
하나둘 모여들어
은하수 별빛으로 흐른다

다끄내 처녀

철석이는 파도 소리가
머리맡에서도 들려오는 다끄내 바닷가

보말이랑 소라를 잡으며
고기잡이배들의 짠 냄새로 살았다

북쪽 바닷가의 처녀는
파도를 먹고 자랐다

헐리고 부서지는 고향을 사람들이 떠나도
다끄내로 돌아와 살고 있는 한정열 여사

다끄내 하고 부르면
파도가 대답하는 집
고르멍드르멍*
오늘도 그 바당으로
풍덩 빠져든다.

*제주시 용담동에 있는 향토음식점.

가을, 어머니

갓 낳은 독새기찜* 밥상에
가을이란 온갖 양념으로
따뜻한 밥을 지어주셨던 어머니
미소 하나 얹어 기뻐하던 어머니
가을 곶감 하나 대접 못 하는 나는
잘 익은 가을엔
밥을 먹을 수가 없네

*계란찜의 제주 방언.

벌초 가는 길

말간 햇빛 속에서도 폭설이 내리고
돌 속에서도
나무가 뿌리를 내리고 가지를 뻗는다.
되돌아보지 않는다면
다 죽는 세월이다.

아들아, 먼저 간 천국의 모습은 어떠하냐.

오지 못할 먼 길을 오 학년인 너를 보낸
이 아비의 가슴에

네 벌초를 가는 아비의 가슴에
스물네 해째 폭설이 내리고 있다.
쿵
쿵
쿵
천둥이 치고, 천둥 속에 폭설이 내린다.
천둥소리 속으로 네가 걸어오고 있다.

보고 싶다, 아들아
끊긴 시간이 이어지고
만난 적 없던 웃음이 귓전에 다다른다.

스물네 해째 네 숲속에서 아비는
튼튼했던 네 두 다리로 산책을 하고 있다.

말간 햇빛 속에 또 폭설이 내린다.

편지

아버지, 천지간에 비바람이 몰아치고
빗방울이 바위를 내리쳐도
새들은 고향을 찾아 떠나지 않습니다.

떠나온 세월 많이 흘렀습니다.
천년이 하루 같고 엊그제가 천년 같습니다.
고향은 멀지 않습니다.
제 기억이 고향이고 아버지가 제 고향입니다.
아버지, 하늘 꽃 가득 핀 이곳도 제 고향입니다.

아버지 곁의 무심히 서 있는 한 그루의 나무로
아버지 이마를 스쳐 가는 아침 바람으로
막 피어오르는 한 송이의 자목련으로
저는 존재합니다.
그러니, 아버지와 저의 거리는 가깝습니다.

제 나이는 여전히 열두 살이고, 아버지의 나이이고
아버지의 나이는 마흔한 살이고, 여전히 열두 살
제 나이입니다.

눈 위에 찍힌 제 작은 발자국 속으로
마지막 겨울 햇볕이 고입니다.

봄과 나 사이의 거리는 0mm입니다.
봄과 아버지의 사이의 거리도 0mm입니다.
그러니 저와 아버지의 사이의 거리도 0mm입니다.

아버지 곁에서 막 피어오르는
한 송이 자목련으로
저는 존재합니다.

오래물 추억

제주시 도두 해안 오래물에 가면
여름을 나는 재미 제법 섬뜩하다

찌르는 태양의 불턱* 같은 돌담 뒤로 숨겨야
그나마 살맛이 나겠지만
이곳은 잽싸게 얼어버리고 싶은 냉골의 천국이다

더위에 지친 올래도 얼어 오래로 읽히는
한나절 팽창된 열기에 숨 턱턱 막히다 벌쳐 내쫓긴
허겁지겁의 도망자들
헐레벌떡 홀라당 풍덩 뛰어들었다

삭신 오그라들고 이빨 딱딱거리며 삽시간에 응축되는
살들의 움직임, 오글오글 쪼그라드는
순식간의 압축이다
혓바닥마저 얼어붙어 말문조차 닫히더니
꽉 다문 입술은 아예 묵비권행사다

네 죄를 알렸다, 이실직고 하렸다
막상 지은 죄 없는데도 부들부들 덜덜덜
꽁꽁 얼도록 고문만 실컷 오래오래 당했다

여기가 얼핏 천국인 줄만 알았는데 무시무시한 지옥이었을까
혹, 승천하려던 용의 수행이었을지도 모를
오래도록 잊지 못할 용천수
오래물 추억이다

* 해녀들이 쉬기 위해 만든 공간.

홍성식

 어린 시절 도두봉 정기 이어받은 젊은 청년일 때 열정을 다해 함께 세상을 이야기하던 친구. 오월의 마지막 날 장미꽃 소낙비 맞으며 세상을 떠났다.

 신제주 종합시장 바오젠거리의 주제가가 되어야 한다며 함께 불렀던 '고래사냥'이 생각난다.

 자— 떠나자 동해바다로— 그 시절은 아직도 여전하고 나눠야 할 이야기는 많이도 남았는데
 이 야속한 사람아 잘 가시구려

 '이틀 후에'라는 말같이 넉넉했던 친구야

애월의 달

올레와 올레를
들락거린다

보리쌀 꾸러 다니다
남의 집 앞에서 서성거리다가
뒤꿈치가 다 닳아버린
어머니의 한숨 같은 달

지금도 애월에는 부황浮黃 난
달이 뜨는 날이 잦다
그 달을 보며 뜬눈으로 견디는 밤이 잦다

4부

목포의 눈물

동백꽃 송이 입에 물고
선창가에서 손수건 흔들던

둥근 얼굴이
빙글빙글 돌아간다

흘러나오는 건
옛 노래뿐만이 아니어서

흘러나오는 것은
펄 배의 뒷모습뿐만이 아니어서

흘러나오는 것은 미스 김의
꽃무늬 스카프뿐만은 아니어서

진흙 몸 일으키는 갯것들
레코드판에 겨우 숨어 운다

갈매기도 흰 눈썹으로 운다

동태탕 집에서

아는 형님과 오래간만에 마주 앉는다
동태탕 한 양푼이 시켜놓고 얼린 명태 풀리듯
집안 형제간에 법정 분쟁이 있다는 얘기부터
말씀 잘 풀어내시는 형님의 시간
장남이 서울에 괜찮은 직장에 취직했다는 말과 함께
딸은 서울에서 일류대학까지 나왔다고 한다

살에 가렸던 뼈의 말들
몇 겹의 살로 위장했던 비포장 같은 문장들이
폴폴 끓는 양푼이 안에서 제 몸을 드러낸다

마누라 떠나고 힘들게 삼 남매 농사지었다고 한다.
완공된 빌딩 임대 주기가 어렵다는 말도 섞어가면서
보증금이 비싸다는 둥 입주자의 불평도 한 소리
섞여든다
오래전에 등단했는데 시집 출간이 늦었다며
동생도 내년 봄엔 시집 한 권 내야 한다는 둥
고뿔인가 연신 콧물을 훔쳐내면서도 쉬지 않는 형님

저녁 구름으로 떠돌던 침묵의 내 몸이 말씀을 듣는다
내 곁에 머물던 것들이 자꾸만 붉게 물이 든다
찌그러진 양푼이 안에서 끓고 있는 동태
초점 없는 텅 빈 눈이 나를 가만히 올려다본다

첫사랑

산과 들
양지바른 곳에
노랗게 핀 꽃

내 가슴 속
깊은 곳에
캄캄한 뿌리
혼자 내리는

너도 양지꽃

광령, 벗나무 아래서

케이크 들고
'애월문학' 빌리러 간
보습학원
원장에게서 날아온 카톡

눈이 예쁘셔서
눈만 보다 보니까
차 대접도
못 했네요

생일

바람 소리에 구르고
달빛에 패이고
태양에 금 간
상처가 닳고 아물어
제 배꼽이 생겨났다

물소리에 귀가 닳아
비로소 눈을 뜨는
잘 익은 돌덩이壽石
하나

군더더기 없는 생일이라는 말처럼
매끈하다

교리 공부

주일 오전
아홉 시

여름부터 봄까지
성당으로 가는 길

나는 나에게
사탕 한 알씩 주었다

마리아
당신의 미소

백 일 지나지 않은 딸아이의
뒤꿈치같이
말랑말랑한

재회

입술 떨리며
그대의 이름을 묻는다

실핏줄 많아
더 낡아 보이는
모슬포 길 같은
비린 그리움

붉게 운다

꽃말의 완성

사랑한다고 고백하자
쑥부쟁이*가 활짝 피어났다

꽃들의 커다래진 귓속으로
나비가 흘려주는 아픈 밀어

공중을 따라가는 꽃향기

나비는
다 지워진 어머니의 지문 같은
발자국만 남겼네

*꽃말 : 그리움.

불멸의 시인들

시를 읽네 오늘도 나는 시를 읽네
빈방에 제 중심을 벗어나 쌓여 있는 시집들
아무렇게나 널브러진
꽃향기 묻어나는
사랑의 시어(詩語)들
창틈으로 나 혼자 엿보네
저만치 또 저만치 떨어져
저 혼자 피고 또 지고 있네

김소월 김영랑 신석정 정지용 이육사 윤동주 박용래 백석 전봉건 박목월 김종삼 또 서정주
이름만 들어도 선물이 되어 가슴이 뛰는
가슴 늘 살랑이는 이름들
불멸의 시인들

봄바람 맞고 돌아온 외투에 내려앉은
뿌연 황사들

나기철 김성수 정찬일 오승철 김원욱 정군칠 김영란 진 진 양전형 현택훈 김병심 또 권재효
　근래 좋은 시인들 시어들 짚어가며
　나는 오늘도 시를 읽네
　봄이 다 오도록 시만 읽네

　말 한마디 건네 보지 못한 봄이
　밤이 부화$_{孵化}$한 봄빛이 창틈으로 스며드네

꽃바람

필까 말까
생각의 끝에서 망설이는 꽃들

붉은 눈자위

앙 울음보
터졌다

꽃을 업어 주는 바람
바람의 등을 타는 꽃들

그녀는

벚나무 그림자
어둑한데

살금
내 눈이 따라가던
머릿결

성모상 건너
찰랑이네

가문동 포구

 오래된 편지 봉투처럼 뜯긴 배들은 어디론가 귀를 열어둔다
 가문동 포구에 귀 기울여 받아 적던 정군칠 시인의 편지 한 구절이네 지금은 거문동인지 감은동인지 알 길 없으나 아마도 한동안 시인에겐 어둑했을 것이네

 애월 해안도로로 가는 길목에 서서 아무리 둘러보아도 그 흔적 지워진 지 오래네 마차가 굴렀을 길에 햇빛 가면을 쓴 자동차만 즐비하네 오래된 편지 봉투처럼 뜯겨진 배들은 어디론가 사라진 지 오래네

 그날의 시인을 따라 가만히 귀 기울여보네 엔진들의 소음과 휘발유 냄새만 가문동 포구와 해안선을 품고 오락가락할 뿐인 가문동 낮은 포구가 열어둔 가느다란 실핏줄 같은 길 끝에 내 눈을 열어두네

 밤새 가문동 포구 위로 노곤한 몸 누이는 별빛들의 뒷굽들, 내 뒷굽처럼 많이도 닳아 있네

 걸어온 내 길 길 끝에서 뒤돌아보면 별빛만큼이나 멀고도 머네

누가 왔다 갔나

눈물 같은
바람 같은
세상

묵주 하나
반지 하나
품고 가는
길

신제주성당
벚나무
일곱 채를
어찌 잊으랴

‖ 해설 ‖

시인의 몸에 깊게 새겨진
그리움, 또 그리움

정찬일(시인)

    문학에서 시의 갈래는 다른 문학 갈래와는 색다른 표정을 갖는다. 표면적 화자나 이면적 화자, 시적 대상이나 정황, 시상의 전개, 내·외적 운율, 시적 대상에 대한 화자의 태도 등 많은 시의 요소들이 있지만, 그 귀결점은 독자들에게 전달하는 '정서'에 있다고 본다. 문학 작품이 독자와 맺는 관계에서, 정서의 전달은 시인과 독자의 상황에 따라 직접적인 전달일 수도 있고, 간접적인 전달일 수도 있다. 그렇다고 시가 반드시 정서만 전달하는 것은 아니다. 독자들에게 새롭거나 낯선 의미를 전달해 줄 수도 있다. 소설 갈래에 있어서 의미는 전체적인 사건을 통해서 파악되고 전달된다. 따라서 소설은 어느 한 부분만으로는 그 주제를 파악하기가 쉽지 않다. 하지만 시는 한 시어, 한 행으로 정서나 의미 전달이 이루어질 수 있다. 또한 그 의미와 정서가 변주되면서 더 광범위한 의미나 정서로 확장된다.

그런데 지금까지 시론에 있어서 시의 언어는 그 의미나 정서의 전달이 간접적으로 이루어져야 하며, 즉 비유를 통해 이루어져야 한다는 것이 통설이었다. 과연 그런가? 물론 우리는 비유적인 간접적인 표현법을 통해 정서와 의미가 확장됨을 경험해 왔다. 하지만 시의 갈래가 비유적이고 간접적인 표현만으로 정서와 의미가 반드시 전달되는 것은 아니다. 직접적인 표현으로도 독자들에게 정서와 의미를 전달하는 시가 우리 주위에 이미 많이 존재하고 있는 것을 알고 있다. 중요한 것은 시에 관해 학문적으로 일목요연하게 정리한 '시론'이 시의 창작 어법을 한정해서는 안 된다는 것이다.

중요한 것은 전통적인 시론이나 그에 벗어난 시의 어법을 현재를 살아가는 사람들이 어떻게 받아들이는가가 더욱 중요할 수 있다. 직접적인 어법으로 시의 의미나 정서를 전달해도 된다는 사회적 분위기가 형성된다면, 그것 역시 시 갈래가 갖는 특징으로 규정될 수 있을 것이다.

그리움, 또 그리움

양대영 시인의 첫 시집인 『애월, 그리고』에 수록된 시들은 전통적인 시의 어법, 즉 시인의 정서를 감춰두는 비유적 어법과 화자를 통해 직접적으로 정서를 드러내는 어법을 넘나드는 어법을 자유롭게 구사하며 충분히 독자들에게 시적 의미나 시적 정서를 전달한다.

그럼 양대영 시인이 자신의 이러한 어법을 통해 독자들에게 들려주고 싶은 이야기는 무엇인지 작품을 통해 살펴보자.

> 입술 떨리며
> 그대의 이름을 묻는다
>
> 실핏줄 많아
> 더 낡아 보이는
> 모슬포 길 같은
> 비린 그리움
>
> 붉게 운다
>
> ―「재회」 전문

양대영 시인의 시 「재회」 전문이다. 화자는 운다. 그것도 '붉게' 운다. 울음을 시각적으로 표현한 부분이 독특하다. "붉게 운다"는 가벼운 울음이 아니다. 속 깊은 곳에서 자신도 어쩔 수 없이 치솟는 울음일 것이다. 어쩔 수 없는 화자의 울음 뒤에는 무엇이 존재하고 있는 것일까. 울음을 거느리게 한 그것도 '붉은' 울음을 거느린 그 배후가 궁금하다.

이 '운다'라는 동사가 거느린 시어의 배후를 찾아 한 계단 한 계단 오르면 다음과 같다. 운다 → 붉게 → 그리움 → (실핏줄 많아//더 낡아 보이는//모슬포 길 같은) 비린 → 그대. 이 시에서 양대영 시인, 혹은 시적 화자를 울게 만든 것은 그리움이고, 그 대상은 '그대'이다. 그런데 이 시에서는 울음을 갖게 만드는 시적 대상의 모습은 감추어져 있을 뿐만 아니라 너무 추상적이다. 화자로 하여금 "붉게 운다"라고 표현할 수밖에 없는 이유는 무엇인지, 그 대상은 누구인지 다른 시를 통해 확인해 보자.

왜냐하면 양대영의 시에 '그리움'이라는 시어가 자주 발견되기 때문이다.

　　뒹구는 낙엽 한 잎
　　너에게 보낸다

　　바스락거리는
　　나의 그리움

>   툭
>
> ─「엽서」전문

그리움 담아 올리는(「2018년 추석날의 아버지」), 지구 안에서 그리움에 퍼렇게 멍든/물빛 일렁이는 소리가 들린다(「말똥구리」) 등.

> 말간 햇빛 속에서도 폭설이 내리고
> 돌 속에서도
> 나무가 뿌리를 내리고 가지를 뻗는다.
> 되돌아보지 않는다면
> 다 죽는 세월이다.
>
> 아들아, 먼저 간 천국의 모습은 어떠하냐.
>
> 오지 못할 먼 길을 오 학년인 너를 보낸
> 이 아비의 가슴에
>
> 네 벌초를 가는 아비의 가슴에
> 스물네 해째 폭설이 내리고 있다.
> 쿵
> 쿵

쿵

천둥이 치고, 천둥 속에 폭설이 내린다.
천둥소리 속으로 네가 걸어오고 있다.

보고 싶다, 아들아
끊긴 시간이 이어지고
만난 적 없던 웃음이 귓전에 다다른다.

스물네 해째 네 숲속에서 아비는
튼튼했던 네 두 다리로 산책을 하고 있다.

말간 햇빛 속에 또 폭설이 내린다.
—「벌초 가는 길」 전문

아버지, 천지간에 비바람이 몰아치고
빗방울이 바위를 내리쳐도
새들은 고향을 찾아 떠나지 않습니다.

떠나온 세월 많이 흘렀습니다.
천년이 하루 같고 엊그제가 천년 같습니다.
고향은 멀지 않습니다.
제 기억이 고향이고 아버지가 제 고향입니다.

아버지, 하늘 꽃 가득 핀 이곳도 제 고향입니다.

아버지 곁의 무심히 서 있는 한 그루의 나무로
아버지 이마를 스쳐 가는 아침 바람으로
막 피어오르는 한 송이의 자목련으로
저는 존재합니다.
그러니, 아버지와 저의 거리는 가깝습니다.

제 나이는 여전히 열두 살이고, 아버지의 나이이고
아버지의 나이는 마흔한 살이고, 여전히 열두 살
제 나이입니다.

눈 위에 찍힌 제 작은 발자국 속으로
마지막 겨울 햇볕이 고입니다.

봄과 나 사이의 거리는 0mm입니다.
봄과 아버지의 사이의 거리도 0mm입니다.
그러니 저와 아버지의 사이의 거리도 0mm입니다.

아버지 곁에서 막 피어오르는
한 송이 자목련으로
저는 존재합니다.

―「편지」전문

　언젠가 가벼운 만남에서 양대영 시인이 한 말을 기억하고 있다. 어떻게 하든 어릴 때 불의의 사고로 먼저 이 세상을 등진 아들에 대한 생각을 정리하지 않고는 글도 시도 쓸 수 없다는 것이었다. 다행히 양대영 시인이 시의 끈을 놓지 않고 꾸준히 시작 활동을 하는 것을 보면 스물네 해째가 지난 후에야 아들의 죽음을 나름대로 승화시킨 것으로 보인다.
　시 「벌초 가는 길」의 화자는 아버지로서의 양대영 시인 자신으로 읽힌다. 아니, 시인 자신이다. 아들이 세상을 등진 지 스물네 해째 시인, 아니 아버지로서의 양대영을 지탱하고 살게 만든 것은 죽은 아들이다. 그런 삶을 살아가는 마음과 태도가 "스물네 해째 네 숲속에서 아비는/튼튼했던 네 두 다리로 산책을 하고 있다."라는 구절을 통해 절절히 나타나고 있기 때문이다. 양대영 시인을 "붉게 운다"라고 표현한 그림의 배후에 아들에 대한 그리움이 자리하고 있다. 이 그리움은 다른 것으로 대체될 수 없는 그리움이며 승화될 수 없는 그리움이다. 시인의 숨이 다하는 날까지 품고 가면서 '붉게 울어야만 하는 그리움'이다.
　이러한 마음은 다음 구절에서 더 구체적으로 표현된다. "쿵/쿵/쿵/천둥이 치고, 천둥 속에 폭설이 내린다./ … /말간 햇빛 속에 폭설이 내린다." 천둥 속에 폭설이 내릴 수도 있으면 말간 햇빛 속에서도 폭설은 내릴 수 있을 것이다. '폭설'은 그리운 대상에게로 갈 수 없는 시어로 많이 나타난다. 백석 시인이 그렇게 사랑하는 연인이 백석 자신에게 올 수 없게 만든 것도 '폭설' 때문이었다고 하지 않은가. 이미 양대영 시인은 자신의 운명을 깨달은 듯하다. 갈 수 없는 존재, 만날 수도 없는 존재가 되어버린 아들일 때 시인이 선택한 최선의 승화 방식은 "튼튼했던 네 두 다리로 산책을 하"는 것이 최선의 방법이라는 걸. 아들의 두 다리로 자신에게 맡겨진 세상을 건너야 한다는 걸.

「벌초 가는 길」의 화자는, 아들을 이 세상에서 먼저 보낸 아버지의 입장에서 표현된 것이라면, 시 「편지」는 세상을 일찍 등진 아들이 화자가 되어 이 세상에 남겨진 아버지에게 보내는 편지 형식으로 표현되어 독특하다.

"아버지 곁의 무심히 서 있는 한 그루의 나무로/아버지 이마를 스쳐 가는 아침 바람으로/막 피어오르는 한 송이의 자목련으로 저는 존재합니다./그러니, 아버지와 저의 거리는 가깝습니다." 세상을 등진 아들은 자신이 아버지 곁에 서 있는 한 그루의 '나무'로, 아버지 이마를 스치는 '아침 바람'으로, '한 송이 자목련'으로 존재한다고 한다. 바로 곁에 존재한다는 것이다. " 봄과 니 사이의 거리는 0mm입니다./봄과 아버지의 사이의 거리도 0mm입니다./그러니 저와 아버지의 사이의 거리도 0mm입니다." 아들은 편지로 자신과 아버지 사이가 0mm라고 말한다. 즉 사이가 없는 존재임을 드러낸다. 이런 아들의 마음은 다름 아닌 양대영 시인의 마음이 아들의 모습에 투사되어 나타난 것임이 틀림없을 것이다. 저승으로 가는 마지막 강인 레테의 강도 이들의 관계를 망각하게 할 수 없는 것이다. "붉게 운다"라고 표현할 수밖에 없는 그리움이다.

죽음을 간직하는 방식

죽은 아들에 대한 강렬한 생각 때문일까? 아니면 그 아들에 대한 생각에서 얻은 지혜 때문일까? 양대영 시인이 바라보는 죽음의 방식은 모두 현재 진행형이고 나와 직접 연결되어 나타난다. 시 갈래는 한 정황을 통해, 한 시적 대상의 구체적인 모습을 통해 다양한 것으로 확장된다. 굳이 시를 예로 삼지 않아도 우리는 한순간에 보이는 어떤 상황에서 영원한 것을 유추하기도 하고, 보기도 한다.

바다로 가자
바다로 가자

시인은 고래가 되려고
바다로 갔다

푸른 숨을 쉬며
바다로 갔다

등에 붙은 스멀거리는 기억들
떨쳐내려고 수면을 박차고 오른다

작은 분수 하나
무지개로 뜨는데

─「고래의 노래 ─ 권재효 시인을 생각하며」 전문

불칸낭이 어디에 있습니까
이 골목으로 돌아가면 이수다

본 듯한 등 큰 나무 한 그루
화상의 흉터조차 다 지운 채
우두커니 혼자 서 있다

빈 몸이다

　　　불타버린 나무에서
　　　푸른 잎사귀 몇 잎 걸어 나온다
　　　아무 일도 없었던 것처럼
　　　새소리도 들린다
　　　새 몇 마리 날아오른다
　　　옛사람들, 말끔한 얼굴로 걸어 나온다

　　　불칸낭이 어디에 있습니까
　　　모르쿠다
　　　들어본 적 어신디
　　　무사마씸?
　　　　　　　　　　　　　―「불칸낭」 전문

　시「고래의 노래 – 권재효 시인을 생각하며」는 시인이 죽음을 바라보는 방식이 드러나 있다. 이러한 방식은 앞에서 살펴본 시「벌초 가는 길」,「편지」와 유사하다.「고래의 노래」는 한 시인의 죽음을 모티프로 삼는다.
　"등에 붙은 스멀거리는 기억들"은 죽음이며, 기억하고 싶지 않은 죽음으로부터 나오는 기억들이다. 하지만 양대영 시인은 죽음을 남들과 달리 생각한다. '영원한 현재'

로 여기는 것이다. 망각의 강이라 일컫는 '레테의 강'을 건너지 않는다. 그는 죽음을 "시인은 고래가 되려고/바다로 갔다//푸른 숨을 쉬며/바다로 갔다"라고 말하며, "작은 분수 하나/무지개로 뜨는데"라는 인식을 보여준다. 양대영 시인에게 죽음은 이미 끝난 것이 아니라 새로운 방식으로(아들이 "아버지 곁의 무심히 서 있는 한 그루의 나무로/아버지 이마를 스쳐 가는 아침 바람으로/막 피어오르는 한 송이의 자목련으로 저는 존재합니다."라고 말한 것처럼) 존재한다. 삶과 죽음이 경계를 가진 것이 아니라 하나로 보는 듯하다. 이러한 생각은 「불칸낭」에서도 같은 방식으로 보여준다.

이 시는 표면적으로 나타나지는 않았지만, 제주 4·3의 아픔을 그려낸 것 같다. 불에 탔지만 아직도 살아 있는 수백 년 된 나무의 생명력은 곧 제주인들의 모습과 겹쳐진다. 불에 탄 나무(불칸낭)는 곧 제주의 역사이며, 제주인들의 모습이다. 양대영 시인은 이 나무에서 4·3을 겪어온 제주의 역사와 제주인의 모습을 본 모양이다.

하지만 시인이 불칸낭에서 제주의 고난만 봤다면, 희생만 봤다면 그리 독특한 모습을 보여준다고 볼 수 없을 것이다. 하지만 과거에 죽고 사라져간 사람들은 레테의 강을 건너가 망각하거나 잊힌 존재들이 아니라 시인에게 현재의 모습으로 존재한다. "불타버린 나무에서/푸른 잎사

귀 몇 잎 걸어 나온다/아무 일도 없었던 것처럼/새소리도 들린다/새 몇 마리 날아오른다/옛사람들, 말끔한 얼굴로 걸어 나온다"에서 어쩌면 불타버린 나무이지만 그 고통스러운 시간을 넘어 당당히 한 그루의 나무로 서 있는 나무에서 새잎이 돋고, 새들이 날아오를 수도 있었겠지만, 시인의 눈은 그 경계를 넘어 "옛사람들, 말끔한 얼굴로 걸어 나온다"에서처럼 그 죽음들을 현재적 의미로, 내 곁의 의미로 받아들이고 있다. 이것이 양대영 시인이 죽음을 간직하는 독특한 방식으로 보인다.

애월의 시들을 읽노라면
한결같이
별거 아니라는 듯
달이 솟아오른다

사랑을 품은 보름달이거나
애절한 이별의 조각달이거나
이 생에서 저 생으로 건너가는

가문동 포구 넘어
애간장,
이 애간장 아무렇지도 않다는 듯

다시 돌아오지 않겠다는 듯

이울고 또 이우는

달빛 저 애월의,

　　　　— 「애월, 그리고」 전문

  양대영 시인은 그의 첫 시집 『애월, 그리고』에서 위에서 살펴본 무거운 주제만 다룬 것이 아니라 다양한 시적 대상에 대한 자신의 따뜻한 시선을 다양한 방법으로 보여주고 있을 뿐만 아니라 위 시 「애월, 그리고」처럼 서정성 짙은 시들도 읽는 재미를 더한다. 또한 시에 대한 열정을 보여주는 메타시도 보여줌으로써 앞으로 더 좋은 시를 쓸 열정 또한 함께 보여주고 있다.

  시는 과거를 돌아보는 회고의 문학이라고도 할 수 있다. 과거를 통해서 현재의 자신을 보게 되는 것인데, 표제시 「애월, 그리고」를 마지막에 언급한 것은 시인의 심상(Image)을 잘 나타내고 있기 때문이다. '심상'이란 우리의 마음에 비춰진 그림자이고 시는 그것을 그림처럼 말로 그려서 보여주는 것이라고 할 때 양대영 시인은 이 작법에 충실한 시를 쓰고 있다. 위 시에 나타나듯이 그는 그림의 색을 배합하듯 적확(的確)한 언어의 배합을 통해 한탄과 슬픔의 감정을 억누르고 '이울고 또 이우는/달빛 저 애월'을 함께 바라보게 하고 있다. 이처럼 좋은 시는 작품성을 핑계로 시인들도 잘 읽어내지 못하는 난해한 것이 아니라 구체적이고 이성과 감성, 현실과 상상을 잘 조화시킨 말 그림으로 나타난다.

　양대영 시인의 첫 시집 상재를 축하드린다. 기쁜 마음으로 추천하며, 이렇게 세상에 시를 쏟아내기까지 지난했던 시인의 사람살이에 감동으로 함께한 시간이어서 감사하다.□